漂漂漂水上

小学生防溺水知识宝典

主　编　郑中原　刘源

医学顾问　李铭鑫

人民交通出版社股份有限公司

China Communications Press Co.,Ltd.

图书在版编目（CIP）数据

漂漂漂水上：小学生防溺水知识宝典 / 郑中原，刘源主编 . — 北京 : 人民交通出版社股份有限公司，2019.7

ISBN 978-7-114-15725-7

Ⅰ . ①漂… Ⅱ . ①郑… ②刘… Ⅲ . ①淹溺—安全教育—小学—教学参考资料 Ⅳ . ① G624.103

中国版本图书馆 CIP 数据核字（2019）第 150096 号

Piao Piao Piao Shuishang——Xiaoxuesheng Fangnishui Zhishi Baodian

书　　名：漂漂漂水上——小学生防溺水知识宝典
著 作 者：郑中原　刘　源
责任编辑：郭红蕊
责任校对：张　贺　龙　雪
责任印制：张　凯
出版发行：人民交通出版社股份有限公司
地　　址：(100011) 北京市朝阳区安定门外外馆斜街 3 号
网　　址：http://www.ccpress.com.cn
销售电话：(010)59757973
总 经 销：人民交通出版社股份有限公司发行部
印　　刷：北京盛通印刷股份有限公司
开　　本：720×980　1/16
印　　张：3
字　　数：25 千
版　　次：2019 年 7 月　第 1 版
印　　次：2019 年 7 月　第 1 次印刷
书　　号：ISBN 978-7-114-15725-7
定　　价：35.00 元

致家长和学校的一封信

亲爱的学生家长、老师们：

你们好！

据统计，在我国中小学生非正常死亡事件中，溺水的比例常年高居第一：接近一半的中小学生非正常死亡是由溺水引发的！在某些地区、某些时段，例如野外水系密布地区的暑假期间，这一比例甚至更高，远超出交通事故造成的死亡比例！

呵护孩子的成长，守护孩子的平安，是家长、学校共同的责任！为了不让孩子的青春年华戛然而止，为了不让类似的悲剧一再发生，家长、学校需要共同重视，并且联手行动，为孩子们指引一条平安之路。

首先，家长们要充分认识到"涉水危险无处不在"这一现实情况，要充分认识到"涉水危险"对学生安全造成的极大危害，切实尽到监护责任，让家庭成为孩子防溺水安全教育的主阵地之一。不要让学校教育鞭长莫及的区域成为学生涉水安全的"真空地带"。

其次，学校也要充分意识到涉水安全教育的极端重要性，通过提高频次进行有针对性的教育，加大力度、常抓不懈，强化学生对防溺水等安全知识的了解和记忆。要知道，只注重文化课学习而忽视了人身安全，也是"高分低能"的一种表现。

我们编写此书的目的，就是殷切希望家长、学校、学生能够"三方齐努力"，进而达到"安全常相伴"！

如果您已仔细阅读并认可上述内容，就请在下面郑重地签字吧！

学校：＿＿＿＿＿＿

家长：＿＿＿＿＿＿

学生：＿＿＿＿＿＿

水是生命之源，有了水，才有了这个星球上包括我们在内的万物生灵。但与此同时，如果不加警惕和防范，水也会给我们带来生命危险：数不胜数的溺水事件就夺去了许多人的生命！所以，同学们必须要注意啦：在和水进行亲密接触之前，我们首先要树立牢固的安全意识、掌握科学的安全常识，真正让水成为我们的"生活之友"，而不是制造危险和灾难！

目 录

戏水有风险

wēi xiǎn shuǐ yù yǒu nǎ xiē
危险水域有哪些？

在我们的日常生活中，存在许多情况不明的水域，尤其是野外的河、湖、池塘、水库等区域，水下情况非常复杂，危险重重。

这类水域很可能暗藏有漩涡、淤泥、水草、渔网、危险生物等很多危险因素，千万不要在这些地方游泳和戏水。

一定要选择有专人管理和监督的正规游泳池、水上乐园等场所，并且在家长或专人的看护下才能游泳或戏水，以免发生溺水惨剧。

溺水风险评一评

2 我家附近有河流。

3 我家附近有湖泊或水库。

1 我不会游泳。

4 我家附近有鱼塘或水井。

下面这则小测评，可以帮助同学们大致了解自己的溺水风险，大家不妨来做做看！

8 家长和老师没有告诉过我防溺水知识。

5 我家住在海边。

7 如果有人落水，我会立刻下水营救。

6 我非常喜欢游泳、玩水。

以上8条陈述中，如果有1条符合你的情况，那么你就具有轻微的溺水风险；如果有2～3条符合你的情况，那么你就具有明显的溺水风险；如果符合你情况的说法达到3条以上，那么你已经具有严重的溺水风险！

yī gè rén néng qù wán shuǐ ma

一个人能去玩水吗？

即便是在正规游泳池、水上乐园等场所，同学们也不要独自游泳、戏水，一定要在有家长或其他成人（例如游泳教练或救生员）充分监督的情况下才能下水。

yóu yǒng   xì shuǐ shí xū yào
游泳、戏水时需要
zhù yì shén me
注意什么？

做好热身　避免抽筋

由于温差、体力等原因，我们在水中可能会发生抽筋现象，这种情况多发于小腿肌肉。

在下水之前如果没有做好准备活动，特别容易发生抽筋，所以大家下水前一定要充分热身。

不要私自跳水和潜水

　　在没有经过专业指导和训练的前提下，千万不要私自尝试跳水和潜水动作！

　　跳水时如果入水姿势不对，身体会承受水面带来的巨大冲击力，可能给身体造成严重伤害！

　　另外，跳水时如果疏于观察，可能会撞到水中的障碍物或其他人，后果同样不堪设想！

　　大家千万不要把潜水、潜泳当作娱乐项目，因为未经专业指导和训练，这种尝试是非常危险的。同学们尤其不要互相比赛"水底憋气"，一旦呛水或缺氧，就会带来生命危险！

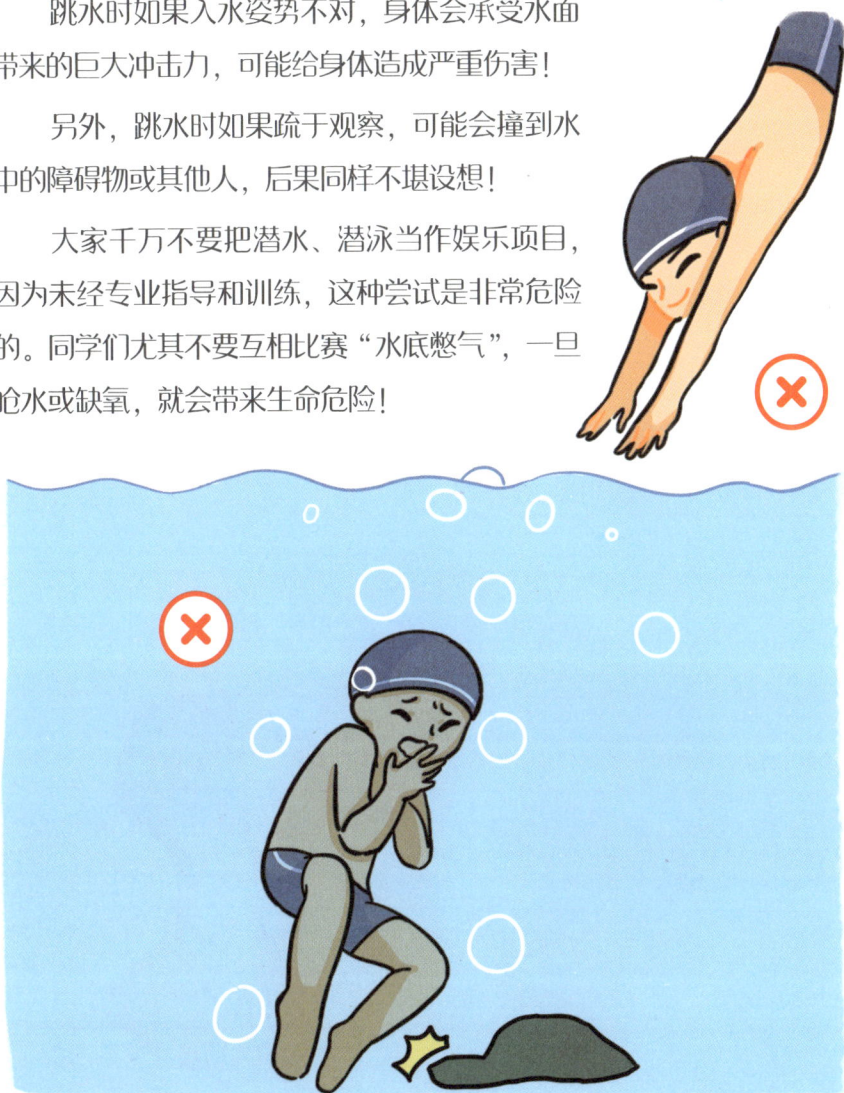

正规的海滨浴场就绝对安全吗？

即便是正规的海滨浴场，有时也会暗藏危机哦。

离岸流

有些海滨浴场会偶尔出现一种叫作"离岸流"的水流，这种水流会把水中的人冲向大海深处，如果不能及时摆脱的话，就很可能会遭遇不幸。

遇到这种强大的、把你持续推向海里的水流时，我们千万不能逆着水流的方向游回岸上，而是要向水流的两侧游动，尽快离开水流冲击的方向。

直到摆脱了这股水流力量的干扰，再尝试游回安全区域。

离开水就彻底摆脱溺水危险了吗？

如果在游泳、戏水时发生了呛水，那么在离开水之后，仍有可能遭遇一系列继发反应，威胁到我们的健康甚至生命！

人在呛水之后，进入肺部的水有时并没能被排除干净，这样就导致看似恢复正常的呼吸系统其实仍然处于"溺水状态"。

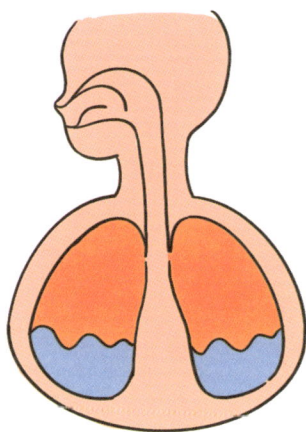

在极个别案例中，儿童在呛水一周后才死去。所以，在发生呛水后一周内，都要留心观察自己的身体状况，如果有任何不适，都要及时去医院就医！

11

不接触水就能避免溺水吗？

bù jiē chù shuǐ jiù néng bì miǎn

nì shuǐ ma

有些情况下，即便没有置身于水中，也同样可能置身于水所带来的危险之中。

例如：

1 不要在暂时干涸的河道内行走、逗留、玩耍。

很多河道只是暂时干涸，由于水库泄洪、突降暴雨等原因，巨大的水流很可能会突然涌来。

2 不要在不安全的冰面上行走、逗留、玩耍。

尤其是在初冬或者早春时节，看似结实的冰面其实非常薄弱。而一旦落入冰窟窿，获救难度要比落水更大！

落水有对策

意外落水如何自救？

yì wài luò shuǐ rú hé zì jiù

一旦发生意外落水，首先要保持沉着、镇定，不要惊慌失措。在保证口鼻处于水面以上的前提下，要及时大声呼救。

会游泳

如果会游泳的话，要保持好身体姿态，观察好四周水面的情况。

然后选择合理的路线，尽快游向附近的岸边或者漂浮物（比如木板），让自己脱离危险。

不会游泳

不要挣扎

如果不会游泳的话，千万不要在水中胡乱挣扎，这样只会让自己更快地下沉，而且也会给赶来救助你的人制造麻烦。

仰面漂浮

可以用仰面漂浮的姿势来节省体力，同时还能保持口鼻在水面以上，防止呛水、溺水。

大声呼救

在保证口鼻处于水面以上的前提下，及时大声呼救，寻求他人的帮助和救援。

救命啊

他人落水如何救援？
tā rén luò shuǐ rú hé jiù yuán

如果他人意外落水，未成年人千万不要下水救援！

更不要和同伴手拉手组成"人链"试图营救落水者，这样做非常危险，很可能使包括自己在内的更多人落水！

遇到有人落水，同学们应该第一时间呼叫成年人前来帮助，并尽快拨打 **110** 或 **12395** 电话寻求专业救援！

110

12395

有人落水啦！快来帮忙救人啊！

打电话报警时一定要注意以下几点：

1. 保持冷静别慌张，说话清楚有条理；

2. 报告落水事件发生的准确时间和地点；

3. 报告落水者的年龄和身体状况等；

4. 报告周边环境的简要情况。

与此同时，可以尝试将竹竿、木棍、木板、绳索等物体伸向或扔向落水者，让他抓住后拖拽上岸。

用这个办法帮助落水者时，一定不要站立或者蹲在岸边！要将身体匍匐在岸上，确保落水者拉拽时，自己不会失足落水。

有条件时，可以向落水者抛漂浮物施救。

乘车落水如何逃生？

chéng chē luò shuǐ rú hé táo shēng

如果在乘车时车辆意外落入水中，要迅速打开车门、车窗并逃离车辆。

千万不能因为贪恋车内财物或者犹豫不决等而耽误了宝贵的逃生时间！

因为车辆在落水后会迅速下沉，在水面漂浮的时间一般只有 30～60 秒（半分钟到一分钟）！

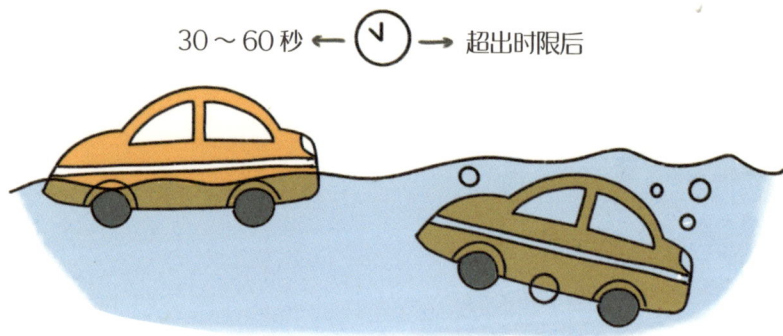

30～60 秒 ←─ ◯ ─→ 超出时限后

而且，现如今的小汽车绝大部分都采用电子控制门锁系统，一旦浸水就会瞬间失灵，如果不快速打开车门，很可能被困在车内！

如果遭遇车辆落水后被困车内的情况，要用坚硬物体敲击车窗边角处，争取尽快把车窗击破，然后逃离。

"智慧救援"有哪些实例和办法？

　　无论是自救还是救人，我们都提倡"智慧救援"，反对有勇无谋的蛮干。

　　这方面同学们最为熟知的例子，恐怕就要数"司马光砸缸"了！司马光用一块大石头解决了所有问题：既救了伙伴一命，又确保了自身的安全。如果他跳进缸里救人，很可能连他自己也会溺水的！

面对险情时只有头脑冷静，才能想出最佳对策。

例如，我们可以就地取材，把空饮料瓶、塑料泡沫、木屑等装在书包里，做成一个临时的漂浮物扔给落水者。

或者将足球、篮球、排球、健身球等充气物体扔给落水者。

这些方法都能有效地帮助落水者进行自救，而不必让同学们自己去冒生命危险。

在水中遭遇险情如何自救？

一旦在水中遇到险情，同学们首先要抓紧机会大声呼救，同时也应该懂得利用一些必要的技巧进行自救。

自救技巧

水中抽筋

如果在水中发生抽筋，我们首先应该采用仰泳姿势，保持口鼻在水面以上，然后尽可能地用手去勾住脚趾、拉伸腿部，缓解抽筋症状。一旦从抽筋状态中恢复，要立刻回到岸边，不要再继续游泳了！

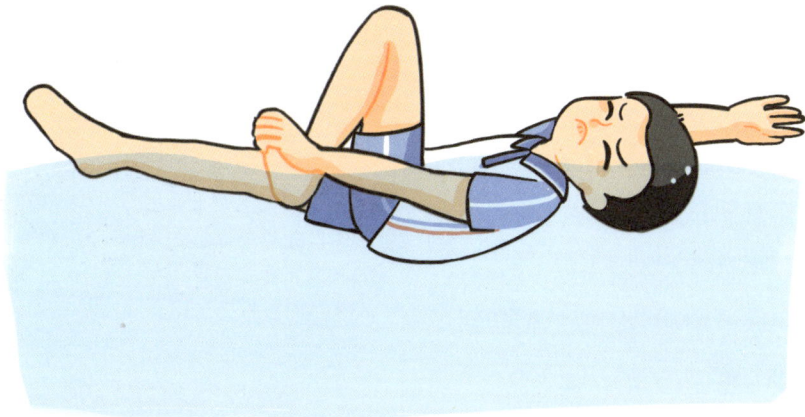

水草、渔网缠绕

如果遭遇水下暗藏的水草、渔网缠住肢体的情况，要沉着、冷静，千万不能惊慌失措、胡乱挣扎。首先保持仰泳姿势，确保口鼻在水面以上，然后尝试用这一姿势沿原路游回安全区域。如果这样还无法摆脱缠绕，就要尝试着把手探到水下，快速解开缠绕物体。

落入冰窟窿

如果身处冰面上时，发现冰面开始破裂，同学们要第一时间趴下身体，用匍匐姿势爬向安全地带，这样可以分散身体对冰面的压力，避免自己掉入冰窟窿。

如果已经不幸掉入冰窟窿，千万不要胡乱挣扎，应该及时用手臂趴在冰层边缘，防止自己被水流带入冰层下方。然后，可以尝试用匍匐的姿势爬回到冰面上来。

水路有学问

常见的船只有哪些？

chángjiàn de chuán zhī yǒu nǎ xiē

同学们日常有机会接触到的水上交通工具有很多，其中有一些是需要人来提供动力的，比如划桨或者脚踏。

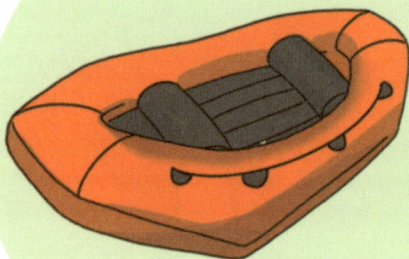

充气筏子

划桨船

竹排

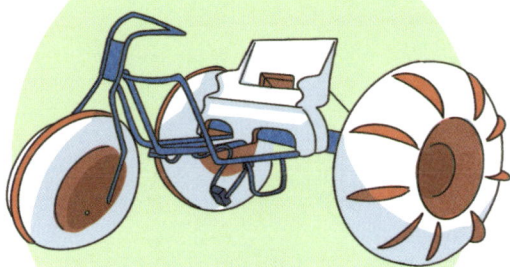

水上自行车

脚踏船

还有一些船只速度更快或者体型更大，需要依靠燃料和机械制造的动力前进，例如：

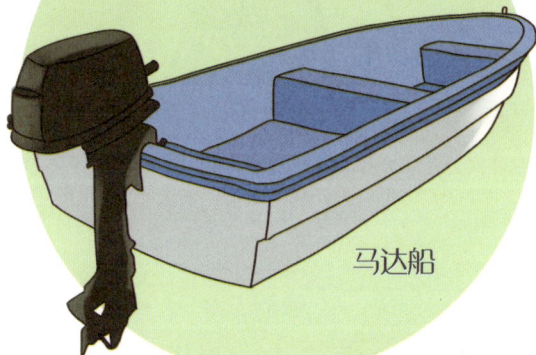

马达船

气垫船

摩托艇

游艇

游轮

chéngchuán ān quán guī zhāng shì
乘船安全规章是
shén me
什么？

乘坐各类船只时，严禁携带易燃、易爆物品上船，比如鞭炮、燃油、酒精、天然气等。

上船前应该学习一些遇险逃生
方法以及救生设备的正确使用方法。

上船后要查看并牢记逃生线路
和救生设备的位置。

1

乘船时，千万不要追跑打闹或者攀爬船只的船舷或护栏。

2

不要随意触碰、移动甚至破坏船上的各类设备、设施。

在发生紧急情况时，除了做好自我保护外，还要注意听从管理人员的指挥和劝导，避免忙乱慌张或者随意行动。

救生设备应该如何使用？

jiù shēng shè bèi yīng gāi rú hé
shǐ yòng

救生板

挎 ①
使用救生板时，首先要把较长的背带绕过头部，挎在肩背上。

穿 ②
然后将双手穿过两条短挎带的下方，确保手臂被挎带固定稳妥。

握 ③
双手握住救生板另一侧边缘上的挎带，这样就可以让自己暂时安全地漂浮在水面上啦。

救生衣

套 1

先将救生衣从头部上方套在身上。要注意方向：把带有口哨的长方形浮块放在胸前！

穿 2

再把手臂穿过侧面两条连接带的中间，防止救生衣在使用过程中脱落。

绑 3

然后绑好救生衣各处的绑带。

漂 4

这样，我们就可以通过救生衣的浮力漂浮在水面上啦。

提示

在暂时无人救援的情况下，可以将双臂环抱在胸前、双腿屈膝蜷缩、仰面向上漂浮。这种"蜷身漂浮"的姿势可以帮助我们节省体力，还可以在水温较低的情况下帮助我们保持体温。

救生艇、救生筏

1 登上救生艇或救生筏之前，应该穿好救生衣。

2 救生艇、救生筏载重量有限，不能一次装载太多人，作为儿童，我们可以优先登船哦！

xiǎo xué shēng nì shuǐ diǎn xíng àn lì
小学生溺水典型案例

1 2010年6月13日，安徽省合肥市长丰县1名小学生与同学相约到野外一处大水塘游泳，结果不幸溺水。同学们尝试救援失败，只得慌忙报警，但最终没能挽回他的生命！

2 2014年12月28日，四川省华蓥市4名小学生结伴在鱼塘边玩耍，其中3人找到一艘破旧小船并开始划船戏水，结果不慎翻船，3人全部溺亡，只有未上船的1人无恙。

3 2018年5月20日，江西省南昌市新建区3名小学生在某河段采砂场处下水游泳，由于水情复杂，不幸全部溺亡！

4 2018 年 7 月 2 日，河南省周口市扶沟县 1 名 9 岁小学生在正规的水上游乐场泳池内和同学比赛"水下憋气"，结果不慎呛水，最终溺水身亡！

5 2018 年 10 月 5 日，海南省临高县 2 名小学生在一乡村水塘边玩耍时，发现水塘中有一只鸭子，于是心血来潮，下水去捉鸭子。结果鸭子没有捉到，2 人却双双溺亡！

6 2019 年 1 月 5 日，山东省德州市德城区 3 名五年级小学生在冰面上玩耍时，不慎掉进冰窟窿，最终 3 人全部溺亡！

7 2019 年 3 月 31 日，广西壮族自治区玉林市博白县 4 名小学生在野外河流中游泳，其中 2 人不幸溺水。尸体经过几个小时的搜寻，才在水下 6 米深处被找到！

8 2019 年 4 月 27 日，广东省东莞市 3 名小学生在野外水塘边玩耍时，其中 1 人不慎跌入水中，其他 2 人试图下水救援，但最终 3 人全都溺亡！

警钟长鸣

这些发生在全国各地、各种水域的惨痛溺水事件告诉我们：为了远离一切溺水风险，同学们千万不能掉以轻心。尤其是居住在农村地区的同学，会更多地接触到复杂的野外水系和一些特殊的地理环境。相关统计数据也显示：在所有儿童溺亡事件中，农村儿童溺亡比例占到 70%，远远高于城市儿童！所以，大家千万不能因为一时好奇和贪玩，将自己置于危险之中！

另外，在此要格外向小学生的家长们强调：对未成年人的监护是家长应尽的义务，疏忽大意、心存侥幸只会给孩子带来危险甚至造成无法挽救的后果！由于家长看护不力或不当而造成的小学生溺水险情甚至溺亡事件屡见不鲜！

2018 年 7 月 20 日，广西壮族自治区北海市，2 名十岁左右的小学生在海边游玩时不慎溺水，而一旁的家长此时正在玩手机。幸亏 1 名环卫工人及时跳海施救，2 个孩子才逃过一劫。而令人哭笑不得的是，直到孩子被救起，在一旁玩手机的家长对于刚刚发生的一切仍然毫不知情！

相比之下，另外 2 个孩子就没这么幸运了。2018 年 8 月 5 日，一对来自北京的 8 岁双胞胎姐妹，在山东青岛一海滨浴场玩耍时，不幸双双溺亡。据孩子母亲回忆，自己当时"看一会手机，看一眼孩子"，结果不久后再抬头时，两个孩子已经不见踪影……搜救人员直到第二天才找到这对姐妹的遗体！

一幕幕悲剧无时无刻不在警示家长：除了要加强对孩子的防溺水安全教育，更要全神贯注看护好自己的孩子，因为"玩手机玩出人命"绝不是耸人听闻！不要让孩子处于溺水的隐患之中，更不要让孩子在您的身边或眼皮子底下遭遇不幸！

附录二

xīn xíng fáng nì shuǐ zhuāng zhì
新型防溺水装置

面对突出的溺水风险，许多行之有效的经验和办法应运而生。

从法律角度，有些国家规定：不足一定年龄的儿童在发生溺水等意外伤害时，如果没有处于法定监护人的视线范围内，那么其监护人将被判有罪！也就是说，从法律上强调监护人对孩子的第一保护作用！

从救生工具角度，近年来出现了很多令人耳目一新的高科技防溺水救生设备。

1 儿童防溺水报警项圈

这款项圈通过无线信号连接到父母身边的监测设备，儿童所佩戴的项圈一旦淹没在水中超过一定的时间，监测器的报警灯就会亮起，如果这一时间继续延长的话，报警器将发出响亮的警报声。

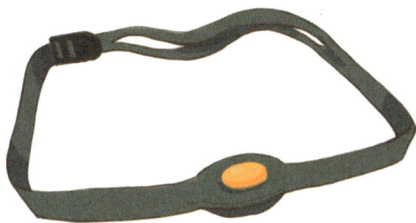

儿童防溺水报警项圈

2 紧急防溺水浮力项圈

这款项圈的防溺水功能更加直接，只要它监测到人的头部淹没在水下超过 30 秒就会自动释放项圈内的气囊，通过浮力把人的头部"拽"出水面。如果佩戴者感觉自己有溺水的危险，即便遇险不足 30 秒，也可以通过手动开关打开气囊自救。

紧急防溺水浮力项圈

3 防溺水手表

这款手表的功能可不是看时间，它只不过是在游泳时佩戴在手腕上，看起来像手表。遭遇溺水时，佩戴者可以按动开关，手表会自动弹出气囊，同样是利用浮力把佩戴者"拽"到水面上来！

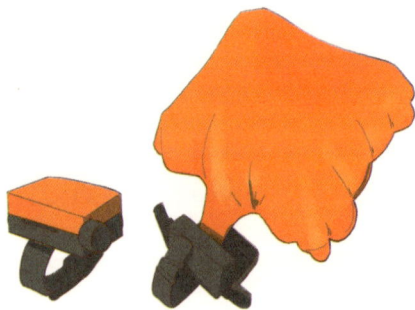

防溺水手表

附录三

fáng fàn nì shuǐ chuǎng tōng guān
防范溺水闯通关

第一关 我应该在哪里游泳呢?

A. 池塘　　　B. 水库　　　C. 正规游泳池　　　D. 河沟

第二关 游泳场所缺少哪一项,同学们最好就不要下水了?

A. 救生员　　　B. 深水区　　　C. 跳台　　　D. 泳道

第三关 有人落水了! 我该怎么办?

A. 跳下水救人　　　　　B. 手拉手救人

C. 划船去救人　　　　　D. 扔漂浮物

第四关 遇到有人落水，我们可以拨打哪个电话号码求救？

A.12345　　B.12315　　C.12395　　D.12123

第五关 我们可以在哪里行走或逗留？

A. 干涸河床　　B. 水上桥梁　　C. 封冻湖面　　D. 野外江滩

答案：

第一关：C　　第二关：A　　第三关：D　　第四关：C　　第五关：B